JURISPRUDENCE DES LIQUIDES

EN MATIÈRE DE

CHEMIN DE FER

PAR

ANGE GRINHARD

Un franc.

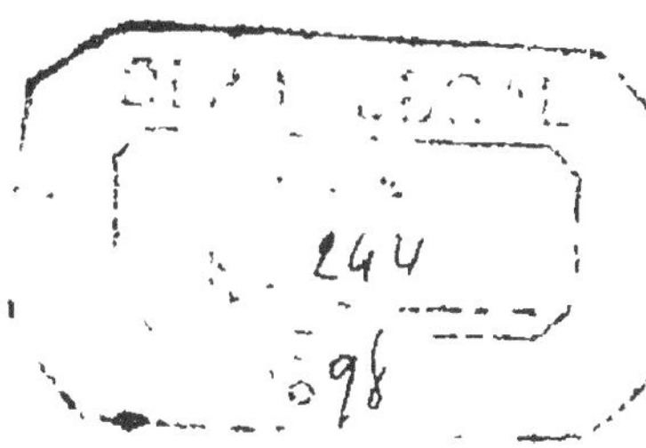

LA CHAPELLE-MONTLIGEON

IMPRIMERIE DE MONTLIGEON

—

1898

1° Établissement des Taxes.

Recherche de la taxe la plus avantageuse, so
par soudure de tarifs, soit par voie détournée,
soit par une combinaison légale quelconque.

Mode d'opération. — Il suffit de nous adresser : 1° les gares sur lesquelles on expédie ou
celles d'où proviennent les marchandises ; 2° la
nature exacte des marchandises ; 3° le mode
d'emballage ; 4° le prix perçu par le chemin de
fer pour 1000 kilos ou par wagon complet. —
Avec ces données, nous recherchons s'il existe
une tarification plus avantageuse que celle ap-
pliquée par le chemin de fer. Si non, nous ne
réclamons rien ; si oui, voici nos conditions.

Conditions. — Nous retenons, comme hono-
raires, la différence entre le prix perçu par le
chemin de fer pour le transport de 10 Tonnes
de marchandise et le nouveau prix plus avanta-
geux trouvé, en prenant pour base le chiffre de
10 Tonnes. Exemple : si le chemin de fer perçoit,
pour transporter 10 Tonnes d'une marchandise
désignée de Lyon à Orléans, la somme de
200 francs, et si nous arrivons à trouver une
tarification qui permette d'effectuer ce transport
à raison de 180 francs, nous réclamerons une
prime de 20 francs.

Toutefois, la prime ne sera due qu'après renseignements pris auprès du chemin de fer, et, de plus, le nouveau prix réduit devient la propriété du commerçant pour l'avenir, quelle que soit, du reste, l'importance de son Tonnage.

2° Vérification gratuite des lettres de voiture.

Retenue de 40 0/0 sur erreurs remboursées par les Compagnies. Si aucune détaxe n'est obtenue, il n'est rien dû. — Adresser toutes les lettres de voiture, ayant moins de cinq ans de date, par colis postal à domicile.

3° Contentieux
en matière de chemin de fer.

Il est répondu, par retour du courrier, à toute demande de renseignement.

Prix d'un seul renseignement : 1 fr. en Bon postal.
       Carnet de 10 bulletins : 8 fr. en mandat.
       Carnet de 20 bulletins : 12 fr. *idem.*

Avoir bien soin d'indiquer clairement et exactement la question soumise, sans négliger aucun détail; joindre les pièces utiles à la solution : *Très recommandé.*

AVERTISSEMENT

« Bien que tout le monde parle de la question des chemins de fer, il n'est qu'exact de dire qu'elle continue d'être très imparfaitement comprise, hors de l'administration et des Compagnies concessionnaires. »

Ainsi s'exprime, avec juste raison, un jurisconsulte compétent en la matière, M. Lamé-Fleury. Ce reproche mérité est d'autant plus regrettable que la création des voies ferrées remonte déjà à plus d'un demi-siècle. Et cependant de quelle importance n'est pas la connaissance de la jurisprudence en matière (chemins de fer)! Connaître la loi, pour le commerce, n'est-ce pas connaître ses propres droits? n'est-ce pas connaître les devoirs, les obligations des Compagnies à son endroit?

Souvent la modicité de l'intérêt engagé, les ennuis et la crainte d'un procès, les difficultés de bien préciser la question de dommage, et, par-dessus tout, l'ignorance de la marche à suivre, empêchent nombre de réclamations de se produire, font que nombre de contestations ne sont pas portées devant les Tribunaux, et le commerce en souffre, pendant que les Compagnies en bénéficient.

Renverser les embarras innombrables, détruire les ennuis de toutes sortes qu'entraînent après elles l'ignorance, l'hésitation et la crainte : tel est le but de cette brochure.

Mettant à profit, d'une part, de nombreuses connaissances acquises pendant un séjour de dix ans au chemin de fer, et nous inspirant, d'autre part, des ouvrages traitant cette matière, nous avons eu soin de fortement documenter nos affirmations et nos conclusions. Aussi, les règles que nous posons, la voie que nous traçons, les principes que nous donnons ont pour base unique la jurisprudence.

Nous avons eu recours à la forme dialoguée, pour enlever à la matière traitée son aridité, et à notre grand regret, avons dû nous borner aux questions les plus pratiques.

Cette brochure est spécialement affectée à la jurisprudence en matière de liquides et nous sommes à la disposition du Commerce pour tout renseignement en matière de chemin de fer.

JURISPRUDENCE DES LIQUIDES

EN MATIÈRE DE

CHEMIN DE FER

CHAPITRE PREMIER

DU COULAGE

D. — Les Compagnies de chemin de fer sont-elles responsables du coulage des liquides?

R. — Nous devons poser comme principe indiscutable et indiscuté que les Compagnies de chemin de fer sont irresponsables du coulage lorsqu'il provient du *vice propre de la chose*, à moins qu'une faute spéciale, bien déterminée, ne leur soit imputable. (Cassation, 25 août 1875, 11 avril 1877, 18 août 1880, 29 avril 1888, 22 juillet 1889, 16 juillet 1890.)

D. — Qu'entendez-vous par vice propre de la chose?

R. — J'entends par vice propre de la chose, et dès lors irresponsabilité des Compagnies, tout coulage ayant, pour cause certaine, un vice ou défaut d'emballage, un mauvais conditionnement soit d'un fût, soit d'une caisse, soit d'un panier; tout coulage provenant du travail du liquide.

D. — Ne pourriez-vous donner quelques exemples?

R. — Volontiers; voici, du reste, les divers cas qui résument toutes les hypothèses dans lesquelles les Compagnies ne répondront pas du coulage.

1° Bouchage défectueux de bouteilles de vin. (Cass., 23 mars 1880.)

2° Emploi d'une douve de mauvaise qualité dans la confection d'un fût. (Cass., 5 février 1879.)

3° Coulage occasionné par le mauvais état d'un fût fabriqué avec un bois poreux impropre à conserver des liquides et avec des douves dont les joints sont mal garnis. (Cass., 9 décembre 1891.)

4° Manque de serre ou de pression des cercles causé par la sécheresse. (Cass., 4 février 1885.)

5° Fermentation de vins en fûts : la Cour de Cassation a, en effet, déclaré que les Compagnies ne sont point tenues de vérifier si un fût de vin en fermentation avait le syphon et la broche intérieure bien placés. (Cass., 18 août 1880.)

6° Explosion d'une bonbonne d'eau de cerises provenant de la distillation de l'alcool et du trop-plein de la bonbonne. (Cass., 29 avril 1888.)

D. — Permettez-moi quelques questions : J'admets fort bien que le coulage qui a pour cause unique une faute de l'expéditeur ou qui provient de la nature même du liquide, tels les cas de mauvais état du fût ou de fermentation, j'admets, dis-je, que ce coulage ne soit pas à la charge de la Compagnie. Mais, s'il s'agissait d'un coulage considérable causé par l'insuffisance de pression des cercles contre les douves du fût, la Compagnie ne devrait-elle pas, tout au moins, faire

*procéder en cours de route au resserrement des cercles?
Ce resserrement, qui empêchera la perte du liquide,
n'incombe-t-il pas au transporteur comme conséquence
naturelle de son contrat de veiller à la conservation
des marchandises afin dé les rendre dans le même état
et dans la même quantité?*

R. — La Cour de Cassation a tranché la question
par la négative — 22 avril 1885. — Elle laisse ce soin
à l'expéditeur qui doit calculer la force à donner aux
cercles des fûts ; qui doit prévoir, vu la température,
l'époque de l'expédition, que l'action de la chaleur
produira naturellement l'avarie, s'il n'expédie pas
en prenant des précautions exceptionnelles. Un
exemple : M. X. expédie de Dijon à M. Z. à Saumur
un fût cassis de 250 litres. Le fût arrive à destination avec un manquant de 40 litres dont la cause
est le relâchement des cercles occasionné par la
grande chaleur. Le fût est transbordé d'abord à
Saincaize, puis à Saint-Pierre-des-Corps où le manquant de 40 litres est constaté. Étant donné la distance de Saincaize à Saint-Pierre, 200 kilomètres, il
n'est pas admissible que ce coulage considérable
de 40 litres s'est produit entre ces deux gares : il
devait nécessairement exister des traces de coulage
au premier transbordement — Saincaize — qui ne
pouvaient échapper aux agents de la Compagnie,
lesquels raisonnablement auraient pu et dû faire
procéder au rebattage immédiat du fût.

Par arrêt du 15 juillet 1891, la Cour de Cassation
a reconnu l'irresponsabilité de la Compagnie; « Attendu que la Compagnie ne peut répondre des pertes

dont la cause est le vice propre de la chose, en l'espèce, le relâchement des cercles occasionné par la grande chaleur; attendu que la Compagnie, si elle est tenue de veiller sur les marchandises, en cours de route, elle ne leur doit que les soins ordinaires, compatibles avec les nécessités du service, et le destinataire n'a pas fait la preuve que les agents s'étaient aperçus du coulage et auraient pu facilement l'éviter ou le réduire. »

D. — Si, au lieu d'être occasionné par la chaleur, le relâchement des cercles se produisait par le frottement du voyage, n'y aurait-il pas faute et responsabilité de la Compagnie pour le coulage?

R. — En principe, non : c'est, en effet, une conséquence naturelle du transport, un fait normal, quels que soient, du reste, l'époque du transport et le temps écoulé depuis la remise jusqu'à la constatation de la perte. Cependant, s'il était établi, par suite d'un manque complet de calage ou de mauvais arrimage, que ce relâchement des cercles a dépassé les limites ordinaires, il va de soi que la Compagnie serait responsable du coulage. (25 octobre 1887, Cass.)

D. — Suffit-il que la Compagnie affirme purement et simplement que le fût est en mauvais état pour que sa responsabilité soit à couvert?

R. — Non : une affirmation pure et simple ne suffit pas; la Compagnie doit établir, démontrer au destinataire le mauvais état du fût en le précisant et le lui faire constater. Si, ce mauvais état reconnu, le destinataire réplique que, malgré ce défaut, le coulage ne se serait pas produit, si la Compagnie avait donné au fût ses soins ordinaires, il doit indiquer à son tour quels sont ces soins ordinaires et comment leur omission a pu entraîner le coulage.

D. — *Qu'entendez-vous donc par soins ordinaires?*

' R. — D'une façon générale, on entend par soins ordinaires, les soins généraux, simples à la conservation de la marchandise et qui ne sont pas incompatibles avec les nécessités du service. Comme nous aurons occasion de revenir sur cette délicate question, passons outre.

En résumé, si le coulage a pour cause unique et certaine le mauvais conditionnement du fût, caisse, panier..., en un mot, de l'emballage, l'expéditeur en a seul assumé la responsabilité et le destinataire aura donc recours contre lui et nullement contre la Compagnie. Si le coulage provient du travail du liquide, de la fermentation, le destinataire supportera seul la perte.

CHAPITRE II

BULLETIN DE GARANTIE CONTRE LA FERMENTATION

D. — *Les Compagnies ont-elles le droit d'exiger un bulletin de garantie contre la fermentation, lors de l'expédition ?*

R. — Oui : c'est un droit absolu; mais ce bulletin

ne peut viser que les conséquences de la fermentation elle-même. Il doit donc être bien précis, rédigé avec soin et signalant exactement et uniquement les avaries existantes de manière à ne pas dégager la Compagnie de celles qui pourraient se produire de son fait. (Douai, 11 mars 1858, Cass., 26 mars 1860.) Il est opposable au destinataire qui doit accepter le contrat de transport tel qu'il a été consenti au départ. (Cass., 13 avril 1874.)

D. — Cependant, si le destinataire prétend que la fermentation n'a pu occasionner le coulage, et si la Compagnie prétend le contraire en lui opposant le bulletin souscrit par l'expéditeur, que devra faire le destinataire ?

R. — Il devra établir clairement et préciser la faute de la Compagnie. Exemple : Une bonbonne jaunes d'œufs est expédiée avec la garantie suivante : Je garantis le coulage. La bonbonne arrivant cassée, la gare destinataire mentionne sur le récépissé qu'elle avait été cassée par la fermentation. Le tribunal de Commerce de Bordeaux (13 mars 1890), saisi de l'affaire, condamne la Compagnie à payer une indemnité de 118 fr. 65. Par arrêt du 21 février 1893, la Cour de Cassation casse et annule parce que le destinataire n'avait pas établi la faute de la Compagnie qui prétendait, s'appuyant sur le bulletin de garantie, que l'avarie provenait de la fermentation des jaunes d'œufs et parce qu'il appartenait, en deuxième lieu, au destinataire de faire cette preuve.

D. — D'où je conclus que, possédant un bulletin de

garantie, la Compagnie refusera toujours d'indemniser et se retranchera derrière ce bulletin ?

R. — Il faut bien le reconnaître, telle est la manière d'agir des Compagnies.

Nous verrons ultérieurement quelle sera la marche à suivre en cas de contestation et quels arguments opposer aux refus intéressés des Chemins de fer.

CHAPITRE III

CLAUSE D'IRRESPONSABILITÉ DANS LES TARIFS SPÉCIAUX DES LIQUIDES

D. — *Doit-on prendre à la lettre la clause d'irresponsabilité* — (la Compagnie ne répond pas du coulage, des avaries de route) — *figurant dans la plupart des tarifs spéciaux comme condition* sine quâ non *d'application ? Les Compagnies ont-elles le droit d'opposer cette clause aux réclamations des destinataires pour leur refuser toute indemnité ?*

R. — En dépit de l'article 98 du Code de Commerce, « le commissionnaire est garant des avaries ou perte des marchandises et effets, s'il n'y a spéculation contraire dans la lettre de voiture » ; en dépit de l'homologation ministérielle des tarifs qui leur donne force de loi ; en dépit des affirmations intéressées des Compagnies, nous répondrons non. Et,

pour établir d'une façon indubitable notre affirmation, étant donné l'importance de cette question, nous
nous appuierons sur le Droit commun, sur de nom-
breux jugements de tribunaux, sur de multiples arrêts
de la Cour de Cassation, desquels il appert, sans aucun
doute, que la clause de non-garantie ne découvre en
aucune façon les Compagnies des négligences qui
pourraient être commises par leurs agents, dans le
transport des marchandises.

I. Droit commun. — « Les voituriers par terre et eau
sont responsables de la perte et des avaries des choses qui leur sont confiées, à moins qu'ils ne prou-
vent qu'elles ont été perdues ou avariées par cas de
force majeure ou par cas fortuit. »

Tel est le principe de la responsabilité posé par
les articles 1772 à 1786, 1927 à 1929 Code civil ;
97 à 108 Code Commerce.

Elle découle encore de l'art. 22, loi du 15 juillet
1845, ainsi que du même article de la loi du 15 novembre 1846, et s'étend à tout préjudice, tout dommage réel causé à un tiers par suite d'une faute imputable, soit aux Compagnies, soit à un de leurs agents.

II. — Cette réparation du dommage causé, suite
directe de l'inobservation du Contrat, est également
consacrée par de nombreuses décisions judiciaires.

En droit commun, la garantie imposée aux Compagnies peut être restreinte, et c'est précisément ce
qui se produit dans les tarifs spéciaux, mais il ne
saurait jamais être stipulé qu'elles ne seront pas
responsables de leurs fautes ou de celles de leurs

agents. En effet, une telle stipulation ouvrirait la porte à la fraude et aux plus grands abus, encouragerait la négligence des employés et rendrait inutile la protection que la loi a eu pour but d'accorder aux expéditeurs. En fait, la matière étant commerciale, les juges, édifiés par les documents de la cause, ont pu déclarer les Compagnies responsables des dommages causés par leurs agents. (Civ. C. 25 mars 1860.)

Ainsi jugé (Trib. Com. Cette, 22 octobre 1863 ; Rouen, 2 novembre 1863 ; Grenoble, 19 janvier 1863, etc., etc.).

Et cependant, dans ces divers cas, la réduction du prix de transport est uniquement consentie par suite de la réduction de responsabilité.

III. — Malgré la clause de non-garantie, la Compagnie ne reste pas moins responsable de ses avaries, lorsqu'il a été statué par les juges du fait qu'il y a eu imprudence ou négligence de la part des agents dans le transport. (Cass., 26 janvier 1859, 29 janvier et 13 août 1872, 4 février et 31 mars 1874, 7 août 1878, 24 mai 1882, 9 janvier 1884, etc.)

Il est donc bien établi, et la jurisprudence est invariable à ce sujet, que, malgré la clause d'irresponsabilité, les Compagnies sont responsables des avaries quand il y a faute de leur part. Elles ne pourront donc légalement revendiquer cette clause que, si aucune faute, aucune négligence, aucune imprudence ne leur est imputable. Ainsi s'écroule d'elle-même la prétention arbitraire qu'ont les Compagnies de refuser toute indemnité pour coulage, lorsqu'il y a demande et application du tarif spécial. Cette clause de non-garantie, pour coulage, n'a donc, pour bien poser et résumer la question, nullement pour effet de dégager les transporteurs de leurs propres fautes, mais elle oblige le destinataire à faire la preuve de la faute des Compagnies. Le vrai sens de cette réserve est donc : l'expéditeur et le destinataire n'ont droit à une indemnité, en cas de tarif spécial, qu'autant qu'ils établiront une faute quelconque de la Compagnie.

CHAPITRE IV

FAUTE DES COMPAGNIES

1° **En quoi elle consiste.** — 2° **Comment en faire la preuve.** — 3° **Comment sera réglé le manquant.**

D. — *En quoi consistera la faute d'une Compagnie ; en d'autres termes, quand la Compagnie sera-t-elle responsable du coulage, malgré la clause : la Compagnie ne répond pas du coulage ?*

R. — Elle nécessite rigoureusement un fait positif, précis, bien déterminé ; une négligence caractérisée qui constitue un manquement aux obligations soit légales, soit conventionnelles. Ce fait, naturellement, variera selon les circonstances. Constitueront une faute de la Compagnie : une défectuosité de matériel, un mauvais conditionnement de wagons, une exposition de liquides au soleil, un mauvais arrimage de fûts, un heurt de wagons, une manutention brutale des fûts ou caisses, un chargement ou déchargement défectueux, un contact dangereux de marchandises, un choc provenant d'une fausse manœuvre, et généralement tout fait analogue. (Cass., 24 décembre 1864, 30 mars 1868, 16 février 1870, 21 novembre 1871, 13 novembre 1873, 28 décembre 1875, 16 mai 1876, 7 août 1878, 5 février 1883, etc.)

D. — Vous admettrez qu'il sera souvent bien difficile, pour ne pas dire impossible, que le destinataire établisse un fait précis, net; en effet, il n'a aucun moyen de surveillance sur les marchandises, en cours de route?

R. — D'accord : aussi les Tribunaux, la Cour de Cassation, souverains juges en la matière, s'ils exigent, en principe, non pas une allégation vague, mais une faute caractérisée, un fait positif, se contenteront pour condamner les Compagnies, pour établir leur responsabilité, de présomptions graves, soit directes, soit indirectes.

D. — Quelles seront ces présomptions?

R. — Voici les plus fréquentes : remise des fûts ou colis en bon état, acceptation sans réserve, force de résistance des fûts ou paniers, brièveté du parcours, la température, la nature et la gravité de l'avarie, la quantité du coulage. Exemple :

La Compagnie sera responsable si, la nature de l'avarie comparée aux bonnes conditions d'un fût, l'avarie n'a pu avoir pour cause que l'imprudence ou la maladresse des agents dans les opérations de chargement, déchargement ou arrimage. (Cass., 10 juin 1884.)

D. — Je vous arrête ici pour un cas personnel. Dernièrement, je remettais au chemin de fer en bon état et déposais en gare dans de bonnes conditions de transport, quatre bonbonnes d'huile de schiste, en réclamant le tarif spécial. Une bonbonne arriva brisée et entièrement vide. La Compagnie refusa de m'indemniser sous prétexte unique que, dans le tarif spécial où, parmi les marchandises énumérées de la 4ᵉ série, figure l'huile de schiste en bonbonne, il est énoncé que, pour cette série, la Compagnie ne répond pas des avaries de route ?

R. — L'allégation de la Compagnie n'était pas fondée et votre réclamation était juste. Vos quatre bonbonnes ayant été remises en bon état, sans réserve aucune, la clause du tarif spécial ne suffisait point pour dégager la Compagnie. Elle devait établir, étant donné les bonnes conditions de l'expédition, que le bris n'était pas le résultat de sa faute, mais provenait du vice propre de la bonbonne, c'est-à-dire soit du trop-plein, soit d'un défaut quelconque de la bonbonne. (Cass., 29 mai 1866.)

D. — S'il y a faute de la part de la Compagnie, comment sera réglé le manquant ? sera-ce d'après le poids des fûts ou d'après leur contenance ?

R. — Les Compagnies pesant les marchandises, au départ, prennent la responsabilité du poids constaté et doivent le reproduire, à l'arrivée; si donc il y a du manquant, à la livraison, elles doivent le rendre, mais seulement en tant que poids et non point en tant que contenance. (Cass., 12 août 1872.)

Il en serait ainsi quand même le destinataire prétendrait que le poids n'aurait pas été fait, au départ, ou qu'il n'aurait été évalué qu'approximativement, eu égard à la contenance des fûts. (Cass., 26 janvier 1886.)

Cependant, il y a une remarque très importante à faire à ce sujet : si l'expédition comporte plusieurs fûts pesés isolément, au départ, la même opération doit avoir lieu à l'arrivée : c'est-à-dire chaque fût doit être pesé isolément ; si donc il y avait un déficit sur un fût, la Compagnie n'aurait pas le droit de procéder à une pesée générale, de façon à balancer le manquant d'un fût par l'excédent d'un autre. Elle doit, en conséquence, reproduire le poids réel et reconnu de chaque fût. (Metz, 4 juillet 1865 ; Poitiers, 10 septembre 1883.)

CHAPITRE V

DÉCHETS DE ROUTE

D. — Voudriez-vous me fixer la quotité exacte à laquelle ont droit les Compagnies pour déchets de route?

R. — Pour tous les liquides sujets à déperdition, à évaporation, par le fait même du transport, les Compagnies ont droit à une certaine bonification, à un certain creux de route, pour déchets du voyage. Le tableau dressé par les Compagnies et qu'elles opposent aux réclamations du commerce en l'obligeant à l'accepter au pied de la lettre, ne figure dans aucun tarif, non approuvé conséquemment par l'autorité compétente, n'a donc nullement force de loi et n'est pas obligatoire pour les tribunaux. Cependant la jurisprudence le reconnaît, mais a, depuis quelques années, une forte tendance à en réduire la quotité. Aussi, les tribunaux sont seuls compétents pour déclarer, en cas de contestation, si le déficit constaté est dû à la nature propre de la marchandise, ou à la faute de la Compagnie.

Voici ce tableau qui n'a, en réalité, qu'un caractère purement consultatif.

	AU-DESSOUS de 200 kilomèt.	AU-DELA de 200 kilomèt.	MAXIMUM
Eaux-de-vie, Spiritueux, Bières, Cidres, Boissons, Vins et Vinaigres en fûts..............	2 0/0	1 0/0 p. 100 kil.	5 0/0 en été. 4 0/0 en hiver.
Huiles et essences	2 0/0	1 0/0 *idem.*	6 0/0 en été. 4 0/0 en hiver.
Vins de liqueur........	1 0/0	1 0/0 *idem.*	4 0/0 en été. 3 0/0 en hiver.

Il importe fort de bien remarquer que, pour profiter du déchet de route, la Compagnie ne doit avoir aucune faute à son actif. Elle ne pourra donc l'invoquer s'il provient d'un chargement mal fait, de manipulations, de transbordements, de stationnements inutiles qui exposent la marchandise aux intempéries des saisons ; de même, si en raison de la brièveté du trajet la marchandise n'a pu subir un déchet appréciable et si surtout la Compagnie n'a pu établir qu'aucune faute ne lui était imputable. (Cass., 5 novembre 1883.)

CHAPITRE VI

COULAGE DANS UN WAGON PLOMBÉ

D. — « *Les wagons spéciaux chargés de marchandises devront être remis plombés par les expéditeurs, et la Compagnie ne répondra pas du coulage de route ; elle sera déchargée de toute responsabilité pour la marchandise, par la remise du wagon avec ses plombs intacts.* » *Comment interpréter cette clause ?*

R. — En cas de coulage, en cours de route, la Compagnie est autorisée pour arrêter le coulage, à faire ouvrir le wagon en présence d'un commissaire de surveillance. (Cass., 3 novembre 1886, 4 juin 1889.)

D. — *Quoiqu'autorisée à briser les plombs, si la Compagnie ne le fait pas et si elle se borne à livrer le wagon avec ses plombs intacts, sera-t-elle responsable du coulage ?*

R. — D'après la logique et le bon sens, il semblerait que la question dût être résolue par l'affirmative : cependant, ce point n'est pas tranché par la Cour de Cassation. Les jurisconsultes penchent pour la responsabilité et il serait fort désirable que la Cour suprême eût à se prononcer. Nous devons donc nous borner à exposer la question sans la résoudre.

L'ouverture autorisée du wagon, en cas de coulage, entre-t-elle dans les soins ordinaires que doit donner la Compagnie aux marchandises? cette ouverture sera-t-elle toujours compatible avec les nécessités du service? pourra-t-on, sans jeter une perturbation dans la marche des trains, arrêter en route le wagon endommagé pour prévenir le coulage? et combien d'autres points analogues se posent! Dans le doute, abstenons-nous.

CHAPITRE VII

LIVRAISON DES MARCHANDISES

D. — Est-il exact et légal, comme on le dit fréquemment, au chemin de fer, qu'une fois le livre de sortie émargé, les frais de transport acquittés et les colis remis entre mes mains, je n'ai plus aucun recours contre les Compagnies. ?

R. — C'est là une erreur très accréditée dans le commerce et les Compagnies laissent volontiers le destinataire dans cette ignorance invincible. Qu'il y aurait de choses intéressantes à dire à ce sujet!

Comme il serait curieux, intéressant de voir par quels procédés d'intimidation les Compagnies échappent à leur responsabilité ! Ayant des millions à la disposition de leur contentieux, elles ont pour système, bien connu du public, d'épuiser, en cas de poursuite, tous les délais, toutes les juridictions. A qui n'a pas été faite cette réponse, candide dans son excès de franchise : « Vous voulez attaquer la Compagnie, mais attaquez-la ! elle n'attend que cela ! Pensez donc, elle a toute une armée d'avocats qu'elle paie à l'année ! Que lui importe le papier timbré ! que lui font une assignation, une sommation ! » Aussi ne saurions-nous trop recommander au public de prendre minutieusement, et en tout cas, toutes ses précautions, toutes ses garanties.

Mais brisons là, notre rôle n'étant pas de critiquer, mais plutôt d'instruire et d'éclairer.

Revenant à la question posée, nous dirons, non, l'émargement du livre de sortie ; non, l'acquittement des frais de transport ; non, la remise des colis entre les mains du destinataire, soit directement, soit par l'intermédiaire du camionneur, ne lui enlèvent pas son recours contre la Compagnie.

D. — *Et sur quoi basez-vous votre affirmation?*

R. — Sur l'article 105 du Code de Commerce, article très précieux quoique fort peu connu du public et que je tiens à mettre sous vos yeux, en vous en faisant ressortir les avantages.

« La réception des objets transportés et le paye-
« ment du prix de voiture éteignent toute action
« contre le voiturier pour avarie ou perte partielle,

« si dans les trois jours, non compris les jours fériés,
« qui suivent celui de cette réception et de ce paie-
« ment, le destinataire n'a pas notifié au voiturier
« par acte extrajudiciaire ou par lettre recomman-
« dée sa protestation motivée. Toutes stipulations
« contraires sont nulles et de nul effet. » Art. 105.
Code Com., 11 avril 1888.

D'où il découle : 1° qu'un délai de trois jours
francs, dimanches et fêtes exceptés, est accordé au
destinataire, pour adresser sa réclamation, et cela
malgré le payement du transport et la réception des
colis et ce délai de trois jours court de l'instant où
il y a eu livraison effective, et non du moment du
payement et de l'émargement. (Cassation, 26 juin
1882.) 2° Cette réclamation devra rigoureusement
être adressée soit par lettre recommandée, soit par
ministère d'huissier. Une réclamation verbale, par
lettre ordinaire, ne sera donc pas fondée; 3° la réclamation sera valable, que l'expédition ait eu lieu en
port payé ou en port dû (Cass., 24 octobre 1892);
en grande ou en petite vitesse (Cass., 20 juillet
1868); en gare ou à domicile. (Cass., 10 avril 1878.)
— En un mot cet article ne supporte aucune excep-
tion; il a la même valeur qu'une réserve portée dans
la colonne émargement du livre de sortie, lors de
la livraison.

Comme conséquences de cet article, comme con-
seils pratiques, nous recommanderons au Commerce :

1° De ne pas se fier à la promesse, sans réalisa-
tion immédiate, du représentant de la Compagnie;

2º de prévenir immédiatement le représentant de la Compagnie, par lettre recommandée, de venir constater l'avarie ; 3º si le destinataire a un pressant besoin de la marchandise et qu'il ne peut attendre l'arrivée d'un employé, faire constater par deux témoins l'avarie et la signaler immédiatement ; 4º avoir bien soin, toujours, de ne 'pas enlever les marchandises, sans les avoir minutieusement examinées et s'être assuré qu'elles sont en parfait état. S'il y a doute sur le bon état, prendre ses réserves.

CHAPITRE VIII

EXPERTISE

D. — *En cas de contestation, de désaccord, quelle marche suivre ?*

R. — Il faudra alors provoquer une expertise soit à l'amiable, soit par expert. L'expertise (amiable) se pratique journellement entre le Commerce et le chemin de fer. Il est donc inutile de s'y arrêter. Si les deux parties ne s'entendent pas, il y aura lieu alors de prendre un expert, conformément à l'article 106 du Code de Commerce ainsi conçu : « L'état « des colis transportés est vérifié et constaté par des « experts nommés par le Tribunal de Commerce ou « le Juge de Paix. »

D. — Quel sera le rôle de ou des experts ?

R. — Son rôle sera de faire connaître l'état des marchandises ; de constater les avaries, leur importance ; d'évaluer le préjudice causé ; de rechercher et d'indiquer la cause véritable de l'avarie ; le moment où elle s'est produite et la personne responsable ; en un mot, de fournir tous les renseignements utiles et propres à bien définir la responsabilité. Il va de soi que, préalablement à la décision de l'esprit, les deux parties auront dû prendre l'engagement d'accepter, quelle qu'elle soit, la sentence prononcée.

D. — Vous admettrez que, dans la pratique, il n'est pas toujours possible d'attendre la nomination d'un expert par le Tribunal, les nombreuses formalités à remplir exigeant un certain temps ?

R. — Dans ce cas, il faut avoir recours au ministère d'huissier, qui dressera un procès-verbal détaillé de constatation et alors il restera au destinataire à rédiger sa réclamation par lettre recommandée, en la consignant sur le registre des plaintes lequel doit toujours être à sa disposition.

D. — Mais, si le destinataire, pressé de marchandises, n'a sous la main aucun huissier, et s'il ne peut arriver à entente, que faire ?

R. — Sommer le représentant de la Compagnie de rédiger lui-même le procès-verbal de constat, et, s'il refuse, se faire assister de deux témoins, demander, exiger le livre de réclamations, y consigner soi-même et en détail, en le faisant approuver des témoins : 1° l'état des colis ; 2° le montant de la

réclamation ou la réparation des avaries ; 3° le refus
du chef de gare d'établir le constat ; 4° sitôt à même
d'avoir recours à un huissier, le faire agir sans hésitation aucune.

CHAPITRE IX

DES DÉLAIS DE TRANSPORT EN PETITE VITESSE

*D. — Quels sont, en petite vitesse, les délais de trans-
port pour les marchandises ?*

R. — En petite vitesse, les marchandises ne
doivent être expédiées que dans le jour qui en suit
la remise, lequel ne compte pas et reste distinct du
délai alloué pour le transport sur la voie ferrée ; il
en est de même du jour de livraison. (Cass., 5 février 1875, 2 mai 1882, 20 novembre 1889.) Ensuite
les délais se comptent par jours francs et non par
heures. (Cass., 15 février 1875, 2 mai 1882.)

De plus, ils varient selon les distances, à raison
de 125 kilomètres par jour : toute fraction de 25 kilomètres est nulle : ainsi, 150 kilomètres compteront
pour un jour.

En quatrième lieu, le délai de transmission, en
cas de transbordement en cours de route à un em-
branchement quelconque, est d'un jour, alors même
que le transbordement n'est pas effectif : tel, par
exemple, un wagon complet. (Lyon, 26 mars 1884.)

Enfin il faut tenir compte également du délai
allongé prévu par le tarif spécial.

D. — *Pourriez-vous me citer un exemple résumant
bien tous ces principes ?*

R. — Supposons un wagon complet de vins expé-
dié au tarif spécial de Lyon à Rennes le 1er mai et
mis à la disposition du destinataire le 16 mai. De ce
délai de 16 jours il faut donc retirer le jour de
remise et le jour de livraison ; soit deux jours. — La
distance de Lyon à Rennes étant de 689 kilomètres
donnera, à raison de 125 kilomètres par jour,
6 jours, soit 8 jours. Le wagon subissant deux transbordements en route, à Saincaize et à Angers, aug-
mentera le délai de deux jours ; soit dix jours. Le
tarif spécial allongeant enfin le délai de cinq jours
nous conduira au 15 mai. En réalité la Compagnie
ne devra ce wagon à destination que le 16.

D. — *Si cependant ce wagon arrivait à destination
le 10 mai, la Compagnie serait-elle tenue de le livrer
immédiatement ?*

R. — En pratique les Compagnies livrent les marchandises sitôt leur arrivée : mais, elles pourraient,
et ce serait leur droit strict, refuser la livraison
avant l'expiration des délais. (Cass., 5 avril 1876,
10 mai 1876.)

D. — *Comment pourra-t-on se rendre compte qu'une
marchandise arrive en retard ?*

R. — Il découle de ce que nous avons établi que
quatre choses sont indispensables :

1° voir, sur le récépissé, le jour de la remise. Ce
point est d'une importance capitale et on doit exiger

avec un soin méticuleux que cette date de remise y soit bien consignée, car la Cour de Cassation a rapporté, infirmé une quantité très considérable de jugements de Tribunaux de Commerce, pour l'unique raison que la date de remise ne figurait pas sur la déclaration d'expédition. Donc, condition *sine quâ non*, condition indispensable de toute indemnité pour retard, produire la date de remise;

2° Établir la distance entre le point de départ et d'arrivée en tenant compte que la marchandise doit parcourir 125 kilomètres par jour;

3° Si le tarif spécial a été demandé s'assurer de combien de jours le délai est allongé en conséquence : *il varie selon les Compagnies;*

4° Y ajouter deux jours, celui de la remise et celui de la livraison.

D. — *Que penser des clauses du cahier des charges, ainsi que de l'article 10 de l'ordonnance de police (28 juin 1857), lesquelles stipulent qu'en cas de retard tout ou une partie seulement des frais de transport sera diminuée à titre d'indemnité ?*

R. — Il y a lieu d'établir ici une distinction très importante, et que les Compagnies, dans la pratique, se gardent bien de faire. Si le retard provient du train lui-même en retard, selon l'importance du retard tout ou partie du prix de transport indemnisera du préjudice causé. Mais si le retard provient d'une tout autre cause, si, par sa faute, la Compagnie a gardé la marchandise en gare au lieu de l'expédier ; si elle a pris une fausse direction ou si elle s'est trouvée égarée, alors seulement les dommages-

intérêts doivent compenser intégralement le préjudice réellement causé.

*D. — Suffira-t-il que la marchandise arrive en retard
pour que le destinataire ait droit à une indemnité pour
retard ?*

R. — Absolument non ; si le retard constaté n'a,
en réalité, causé aucun préjudice, une demande
d'indemnité n'a pas sa raison d'être ; ce serait un
effet sans cause. Le destinataire ne devra donc pas
se baser uniquement sur le retard, mais devra toujours invoquer un préjudice causé et le donner
comme motif de sa réclamation. Du reste, ce sera
toujours, pour lui, chose facile à alléguer et il sera
bien difficile à une Compagnie d'établir que le retard
n'a produit aucun dommage. Ainsi, il faut motiver
l'indemnité demandée pour retard, par un préjudice
certain, immédiat.

D. — Quel sera le quantum *de cette indemnité ?*

R. — Il est impossible de déterminer d'une façon
précise un chiffre exact, de poser une règle immua-
ble. Le chiffre de l'indemnité, en effet, dépendra de
la durée du retard, de la quantité des marchandises ;
entreront en ligne de compte : une fête, une foire,
un marché manqués par suite du défaut de marchandises ; le remplacement de la marchandise ; une
commande refusée, la perte de clients, l'impossibi-
lité d'écoulement, la détérioration, etc... Chaque
affaire ayant des circonstances spéciales de fait et
de nuances propres, c'est donc moins dans les pré-
cédents que dans l'étude même des faits qu'il faut
chercher les éléments de la solution.

Aussi dans les cas douteux, et cela dans son propre intérêt, nous ne saurions trop recommander au commerce de prendre tous les renseignements nécessaires que nous sommes à même de lui fournir consciencieusement dans le plus bref délai.